I PIÙ VELOCI SULLA TERRA

Partiamo in quarta! Alcuni degli animali di cui leggerai sono veloci come auto sportive. Sei pronto? Sta per iniziare una grande gara, che ci dirà qual è la creatura più veloce del Pianeta!

CAVALLO DA CORSA

Un cavallo da corsa viene allevato e addestrato per correre velocissimo. Ha 252 ossa in un grande corpo muscolosissimo e pesa **600 kg**.

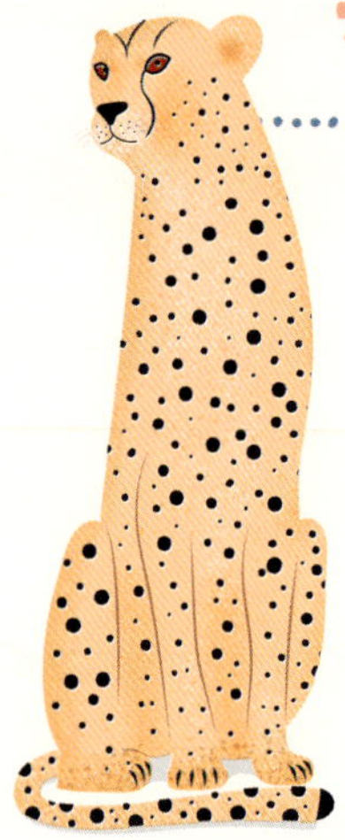

GHEPARDO

Formidabile predatore, il ghepardo approverebbe di gareggiare con questi suoi velocissimi rivali nella competizione di oggi. Dobbiamo solo sperare che alla fine della gara siano ancora tutti vivi! Un ghepardo raggiunge la velocità di **120 km/h**, veloce come un'automobile lanciata a gran velocità in autostrada.

LEPRE COMUNE

Sebbene viva principalmente nei campi ai margini delle foreste e dei boschi europei, la lepre comune si trova anche in Asia e in altre parti del mondo. Si nutre di erbe e germogli e corre, specie se predata, fino a raggiungere gli **80 km/h**!

STRUZZO

Lo struzzo è il più grande uccello del mondo. Non sa volare, ma è l'animale a due zampe più veloce! Vive in Africa. Normalmente, corre a una velocità di **55 km/h**, ma in fuga, per brevi tratti, riesce a raggiungere i **90 km/h**!

ANTILOCAPRA

L'antilocapra è una grande antilope che vive in America del nord: è uno dei mammiferi più veloci del mondo, e può raggiungere una velocità di **80-90 km/h** e mantenerla per parecchi chilometri! L'antilocapra è un grande atleta, con una grande resistenza.

L'UOMO PIÙ VELOCE

La velocità massima registrata da un essere umano è di 44,72 km/h. Questo record è dell'atleta giamaicano Usain Bolt nei 100 metri piani. Vai avanti a leggere e vedrai questo record di Bolt confrontato con quelli delle creature più veloci del Pianeta.

RECORD DEI CORRIDORI

1

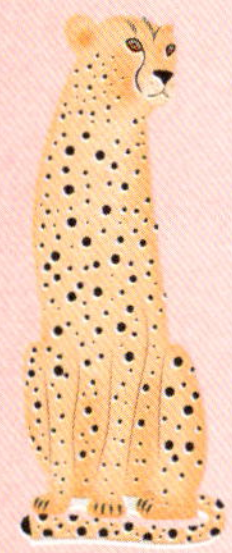

GHEPARDO

120 km/h

2

STRUZZO

90 km/h

3

ANTILOCAPRA

80–90 km/h

4

CAVALLO DA CORSA

60 km/h

5

LEPRE

40–80 km/h

6

UOMO

44,72 km/h

I PIÙ VELOCI IN VOLO

La nostra prossima gara sarà di volo. Gli animali di terra più veloci possono competere con auto e moto, ma non è così per gli animali dell'aria: le "macchine volanti" costruite dall'uomo sono molto più veloci, anche se alcuni volatili sono indiscutibilmente velocissimi!

RONDONE

Il rondone vive in Europa e migra in Africa in inverno. Anche se è un piccolo uccello, è detentore di record in molte categorie. Può volare per diversi mesi senza fermarsi. Ma dove dorme? In volo, naturalmente: mentre una metà del suo cervello dorme, l'altra metà... controlla il volo! In questo modo, vola quasi **200.000 km** all'anno. In picchiata raggiunge la velocità di oltre **200 km/h**.

TAFANO

Consideriamo il tafano semplicemente una grossa mosca, ma a dire il vero si fatica a trovare un "volatore" più agile! Fa vere e proprie acrobazie, e raggiunge velocità che si avvicinano ai **150 km/h**.

PASSERO

Questo uccellino di poco più di 10 cm vive in tutto il mondo. Nonostante le sue piccole dimensioni e il corpo poco aerodinamico, può raggiungere la velocità relativamente elevata di **50 km/h**.

FALCO PELLEGRINO

Questo piccolo falco è diffuso in tutto il mondo. Grazie alle sue lunghe ali appuntite, si tuffa in picchiata alla incredibile velocità di oltre **300 km/h**! Non è quindi solo l'uccello più veloce ma anche il più veloce di tutti gli animali del Pianeta.

RECORD DEI VOLATILI

1

FALCO PELLEGRINO

300 km/h

2

RONDONE

200 km/h

3

TAFANO

150 km/h

4

PASSERO

50 km/h

I PIÙ VELOCI IN ACQUA

Eccoci in piscina, dove sta per iniziare la gara di nuoto! Anche tra le creature marine ci sono molti detentori di record! Vuoi conoscere i migliori?

PESCE SPADA

Sebbene questo atleta pesi **630 kg**, solca le acque a **100 km/h**! Come il pesce vela, usa la sua "spada" per cacciare nei grandi banchi di sardine, nutrendosi di quelle che ferisce agitandola. Sa fare grandi balzi sulla superficie dell'acqua!

L'ORCA "ASSASSINA"

In seguito a un noto film molto diffuso, si credeva che l'orca attaccasse gli esseri umani: ecco il motivo di questo assurdo nome. In verità, la nostra campionessa non è un pericolo per noi! Nuotatrice straordinaria, è un mammifero che riesce a superare i **50 km/h**, nonostante i suoi **9 metri** di lunghezza e le sue **10 tonnellate** di peso!

TONNO

Purtroppo il prossimo concorrente è a rischio di estinzione a causa della nostra pesca eccessiva! Peccato, perché è un vero asso! Se si estinguesse sarebbe un grave danno per l'ecosistema. Lo troviamo nell'Atlantico, nel Mediterraneo e nel Mar Nero. Con una lunghezza di **2,5 metri**, il tonno può nuotare a una velocità di **70 km/h**!

PESCE VELA

Troviamo il pesce vela in tutto i mari del mondo, sia nelle zone temperate, sia in quelle tropicali. È poco meno di **2 metri** di lunghezza, e per cacciare usa la spada che cresce dalla sua mascella. Nuotatore eccezionale, può raggiungere la velocità di **110 km/h**!

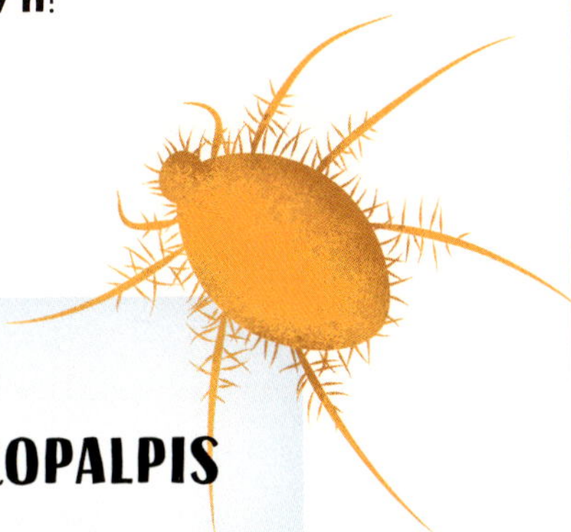

PARATARSOTOMUS MACROPALPIS

Ecco un'altra creatura di cui dobbiamo parlare. Il *paratarsotomus macropalpis* è un acaro piccolissimo, misura infatti 0,7 mm, neanche un millimetro. Tuttavia, nonostante le dimensioni, può arrivare alla straordinaria velocità di 322 lunghezze corporee al secondo: quasi venti volte più veloce di un ghepardo! Per fare un confronto, immagina un uomo alto 1,80 m capace di correre a... oltre 2.000 km/h!

RECORD DEI NUOTATORI

1

PESCE VELA

110 km/h

2

PESCE SPADA

100 km/h

3

TONNO

70 km/h

4

ORCA

50 km/h

I MIGLIORI SALTATORI

Proseguiamo con gli sport. La nostra prossima disciplina è il salto in lungo. I concorrenti sono già in campo, in fase di riscaldamento. Forse puoi sentire il ruggito di uno dei favoriti...

CERVO CODA BIANCA

Il secondo concorrente viene dall'America del nord. Molto simile al cugino europeo, è anch'esso un erbivoro, ma è di gran lunga il miglior lunghista: salta fino a **14 metri**!

RANA VERDE

La rana verde misura circa 10 cm e il suo corpo è di colore verde brillante. Si nutre di insetti e piccoli pesci. Usa il suo verso per scacciare nemici e intrusi. Può saltare fino a **1 metro**, il che è impressionante considerando le sue piccole dimensioni. Ma i suoi avversari non scherzano affatto!

LEPRE COMUNE

Questo roditore lungo 60 centimetri è un vero atleta, ed è alla sua seconda gara: concorre infatti in due discipline! L'abbiamo già incontrato nei 100 metri piani. Anche se non ci aspettiamo che vinca sul canguro o sul cervo, per le sue dimensioni fa salti incredibili: **oltre 4 metri**, cioè sette volte la sua lunghezza!

CANGURO ROSSO

Il canguro è un marsupiale, il che significa che i suoi piccoli finiscono di svilupparsi in una specie di tasca, il marsupio, posta sulla pancia della mamma. Alto circa quanto un essere umano adulto, vive in Australia. La sua potente coda è lunga quasi un metro! È erbivoro, ed è un atleta versatile: corre a oltre **60 km/h** e può far salti alti **3 metri di altezza** e **lunghi 13**!

CERVO ROSSO

Ci sono due cervi tra i nostri concorrenti. Questo viene dall'Europa, è lungo oltre 2 metri e pesa 200 kg. È erbivoro e il suo capo è adornato da formidabili corna. Può far salti lunghi **12 metri**. Immagina che potenza hanno i grandi muscoli delle sue gambe!

LEOPARDO DELLE NEVI

Il nostro prossimo concorrente viene dall'Asia. Con la sua coda lunga e forte che lo aiuta a mantenere l'equilibrio durante il salto, il leopardo delle nevi è ben qualificato per essere un ottimo lunghista. Alto circa 60 cm alla spalla e con un peso tra i 30 e i 60 kg, vive in montagna tra i 3.000 e i 7.000 metri di altitudine. Può far salti dai **6 ai 10 metri** di lunghezza.

CAVALLO

Il cavallo ha già preso parte alla gara di corsa, ma non ha conquistato il podio. Tuttavia, nella disciplina nota come salto a ostacoli, il cavallo con il fantino è imbattibile! Questa volta correrà da solo, e senza fantino un cavallo riesce a saltare una distanza di **8 metri**!

RECORD DEI SALTATORI

1

CERVO CODA BIANCA

14 metri

2

CANGURO ROSSO

13 metri

3

CERVO ROSSO

12 metri

4

LEOPARDO DELLE NEVI

10 metri

5

UOMO

8,95 metri

6

CAVALLO

8 metri

7

LEPRE COMUNE

4 metri

8

RANA VERDE

1 metro

L'UOMO CHE SALTA PIÙ LONTANO

L'atleta statunitense Mike Powell è l'unico lunghista ad aver sfiorato i 9 metri. Il suo record di 895 cm, realizzato nel 1991, non è stato ancora battuto. Confrontiamo il miglior salto in lungo mai realizzato da un essere umano con quelli degli animali.

L'arte del salto in lungo non richiede sempre un campo sportivo con un'area attrezzata su cui atterrare. Se ascolti i tuoi genitori, per esempio, quando ti dicono...

"MA COSA TI È SALTATO IN MENTE?"

"GUAI A TE SE SALTI LA MERENDA!"

"OGGI POMERIGGIO FAI UN SALTO AL NEGOZIO DI FRUTTA E VERDURA E PRENDI DELLE MELE!"

Non si può chiudere il capitolo senza parlare di una creatura "mitica", vero e proprio sinonimo di salto in lungo. Non avrebbe alcuna possibilità contro questi concorrenti, ma il suo salto, se proporzionato alle sue dimensioni, è... stratosferico!

PULCE

Sono animali che si nutrono... di sangue, e non certo del loro! Le pulci succhiano il sangue del loro ospite, spessissimo il nostro gatto o il nostro cane! Pur essendo soltanto 2 o 3 mm di lunghezza, la pulce domestica può saltare fino a **35 cm** di distanza, più di cento volte la sua lunghezza corporea. Per fare un paragone, se un essere umano potesse saltare come una pulce, non avrebbe problemi a coprire una distanza di... quasi **200 metri** con un solo balzo!

I PIÙ LENTI

Se pensi che nessuna creatura si muova più lentamente di te quando riordini la tua camera, ti sbagli! Ti faremo conoscere alcuni animali al cui confronto tu, quando torni a casa da scuola con un 2 in matematica, sembrerai un cavallo da corsa vicino al traguardo!

Per darti un po' più di tempo per pensare, ti presenteremo per primo un animale che abbiamo dovuto escludere durante le gare di qualifica, perché per misurare la sua velocità ci sarebbe voluta... la pazienza di un monaco certosino!

KOALA

Il koala vive in Australia, ed è tanto pigro da essere attivo solo cinque o sei ore al giorno. Ne trascorre 3 seduto sui rami di un albero di eucalipto a mangiarne le foglie, e per le 21 ore successive... non muove un muscolo passando la maggior parte del tempo a dormire. Al risveglio, molto lentamente sceglierà un altro albero di eucalipto e trascorrerà diverse ore a raggiungerlo. Una volta arrivato, esaminerà e raccoglierà le foglie con la massima cura, e quando finalmente ne troverà una che gli va davvero a genio, passerà almeno una buona mezzora a masticarla. Da questo punto di vista, si può dire che il koala sia l'animale più pigro e più pignolo del mondo!

Ma torniamo ai nostri 'velocisti'. Si dice "lento come una lumaca", ma l'atleta più lento della nostra gara non è affatto una lumaca!

CAVALLUCCIO MARINO NANO

Lungo circa 2 cm, questo animale ha una forma piuttosto simile un cavallo. Non è certo un buon nuotatore. Preferisce aggrapparsi alle alghe del mare con la coda e attendere la sua preda. Si muove muovendo la pinna dorsale... a circa 1,5 metri all'ora! Pensa alla velocità con cui raggiungi un amico quando esci per andare a giocare e paragonala alla velocità con cui fai il tuo letto: ecco, quest'ultima è simile a quella del cavalluccio marino nano! Solo quando il cibo è a portata di bocca fa un rapido movimento con il collo e lo acchiappa.

BRADIPO

Bradipo è sinonimo di pigrizia. Quindi, se qualcuno ti dà del bradipo, non pensa che tu sia un tipo... diciamo agile e scattante! Il bradipo infatti si muove alla velocità di circa **4 metri al minuto**! Trascorre la maggior parte del suo tempo appeso ai rami sulle cime degli alberi, scendendo a terra solo quando ne ha voglia, cioè soltanto una volta alla settimana!

CHIOCCIOLA

Nella nostra gara di lentezza, la chiocciola, una lumaca con il guscio, arriva seconda. Ci sono molte specie di lumache e chiocciole, ma quelle che conosciamo meglio sono quelle che vivono nel nostro giardino. Sapevi che è difficile dire se una lumaca è un maschio o una femmina? Infatti sono ermafrodite, il che significa che non hanno bisogno di un compagno o una compagna del sesso opposto per riprodursi. Quanto è veloce questo "sprinter"? Beh, fino a **5 metri all'ora**!

TARTARUGA

Chi conosce la barzelletta del guardiano dello zoo, che era così lento che prima di riuscire a chiudere il cancello del recinto delle tartarughe, queste erano tutte quante fuggite? Quel guardiano dello zoo doveva essere un vero pigrone, perché la maggior parte delle tartarughe viaggia a circa il doppio della velocità di un bradipo: **400 metri all'ora**!

ANATRA DOMESTICA

È la più veloce dei nostri lumaconi, sebbene non si muova un granché velocemente nemmeno lei, visto che "fila" a circa **500 metri all'ora**! Ma poiché da lei prendiamo piume e uova, siamo contenti della sua lentezza: è più facile da acchiappare!

ANDIAMO A SCUOLA!

Ora conosci le "velocità" degli animali più lenti del mondo. Immagina di essere uno di loro. Quanto tempo impiegheresti ad arrivare alla tua amata scuola, se fosse a un chilometro di distanza da casa tua?

2,5 ORE

Alla velocità della tartaruga, ti ci vorrebbero due ore e mezza per raggiungere la tua scuola, a un chilometro da casa.

4 ORE

Alla velocità del bradipo, arrivare a scuola richiederebbe più di 4 ore.

8 GIORNI

Al ritmo di una lumaca, ti ci vorrebbero circa 200 ore per strisciare fino alle tue lezioni, vale a dire 8 giorni. Avresti tantissimo tempo per fare i compiti strada facendo!

28 GIORNI

Se fossi veloce quanto il cavalluccio marino nano, il tragitto per arrivare a scuola richiederebbe 666 ore, quasi 28 giorni: praticamente un mese! Un mese per andare a scuola, un mese per tornare a casa. Così, durante tutto l'anno scolastico andresti a scuola un massimo di cinque volte prima delle vacanze. Che bella vita quella del cavalluccio marino nano!

I PIÙ FORTI

A tutti capita di dover sollevare qualcosa di pesante. Chi non è in forma fa fatica a portare anche una semplice borsa della spesa, ma un atleta ben allenato può sollevare decine di chilogrammi senza battere ciglio. I pesisti sono atleti specializzati nel sollevamento di carichi pesanti. L'attuale record del mondo nella disciplina in cui l'atleta solleva il bilanciere sopra la sua testa è di 264 kg. Il record di un atleta che alza il bilanciere a livello dei fianchi è di 501 kg. Diamo un'occhiata ai record raggiunti dagli animali.

Misurando la capacità di sollevamento pesi rispetto al proprio peso corporeo, troviamo alcuni animali detentori di record davvero interessanti.

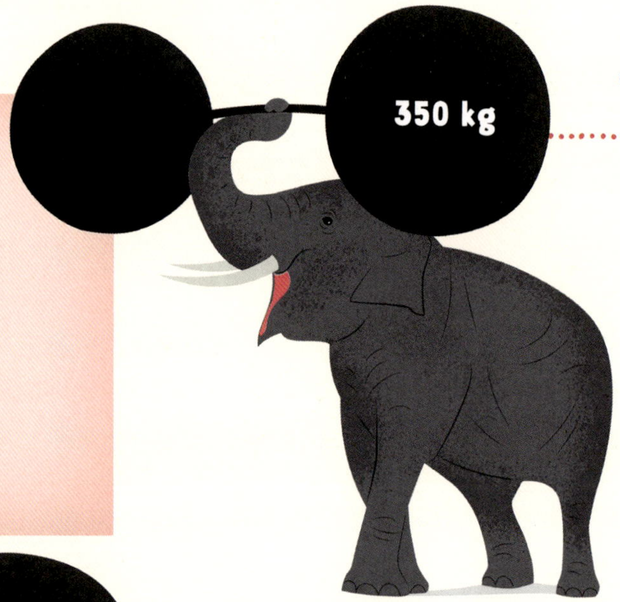

ELEFANTE

L'elefante è in grado di sollevare carichi molto pesanti con facilità. E viste le sue dimensioni, non c'è da sorprendersi: l'elefante indiano è alto quasi 3 metri e pesa circa 5 tonnellate. Con la sola proboscide, che è lunga circa 2 metri, riesce a sollevare fino a **350 kg**. Ma con tutto il corpo può sollevare **diverse tonnellate**. Considerando l'ammontare del peso in termini assoluti, l'elefante è l'animale più forte del mondo.

GORILLA

Il gorilla è fortissimo, e tuttavia è un animale pacifico. A seconda della specie, è alto tra 1,50 e 1,70 m e pesa circa 150 kg. Può sollevare un carico **10 volte maggiore** del suo stesso peso, fino a 1,5 tonnellate! Per un gorilla sarebbe un gioco da ragazzi rovesciare un'automobile! Purtroppo, tutte le specie di questo meraviglioso animale sono in grave pericolo di estinzione.

AQUILA REALE

Gigante tra i volatili, la sua apertura alare è di circa due metri. Anche se si nutre principalmente di piccoli animali, può catturare un giovane cervo. In volo, i suoi artigli possono trattenere una preda che pesa fino a 15 kg. Poiché l'aquila stessa pesa solo circa 3 kg, ciò significa che riesce a sollevare fino a **cinque volte il proprio peso**!

FORMICHE TAGLIAFOGLIE

Se vogliamo dire a qualcuno che è debole, lo paragoniamo a una formica. Ma qui l'unica cosa debole... è proprio il paragone! Le formiche tagliafoglie possono sollevare fino a **50 volte il loro peso**. Per eguagliare l'impresa, un uomo di peso medio dovrebbe sollevare... 3.750 kg!

ONTHOPHAGUS TAURUS

Ma il vero detentore del record di sollevamento pesi in relazione al proprio peso è un altro scarabeo: l'**Onthophagus taurus**, che è dunque l'animale più forte del mondo! Anche se misura appena 1 cm di lunghezza, riesce a sollevare fino a **1.140 volte il suo stesso peso**!

SCARABEO RINOCERONTE

Vive in Malesia, questo coleottero che può sollevare **850 volte il suo peso**! In proporzione, un uomo solleverebbe circa 63 tonnellate!

Proporzionalmente, un uomo forte come lui sarebbe in grado di sollevare sopra la propria testa una delle balene più leggere, per un peso di circa... 90 tonnellate!

RECORD DEI PESISTI

1 

ELEFANTE

diverse tonnellate

2 

GORILLA

1,5 tonnellate

3 

AQUILA REALE

15 kg

1 

ONTHOPHAGUS TAURUS

1140 volte

2 

SCARABEO RINOCERONTE

850 volte

3 

FORMICA TAGLIAFOGLIE

50 volte

I PIÙ GRANDI

Messi alla prova gli animali più forti, passiamo ora ai record delle dimensioni corporee: quali animali sono i più grandi? Cominciamo con l'animale... più grande del Pianeta!

BALENOTTERA AZZURRA

La balenottera azzurra detiene due record. Non solo è l'animale più grande sulla Terra, ma è anche la creatura più pesante di tutti i tempi! Cresce per oltre 30 metri di lunghezza, come due autotreni uno davanti all'altro. Il suo peso è incredibile: 190 tonnellate, equivalente a un carico che riempirebbe quasi 8 autotreni! Può vivere oltre 80 anni e la troviamo in quasi tutti gli oceani del mondo.

I RECORD DELL'ELEFANTE

Con oltre 40.000 muscoli, il corpo di un elefante è uno strumento molto preciso. Inoltre l'elefante ha una memoria eccellente ed è uno dei pochi animali in grado di riconoscersi allo specchio.

L'ELEFANTE AFRICANO

L'elefante africano è il più grande animale terrestre. Può crescere fino a **4 m** di altezza e pesa mediamente **6.000 kg** (anche se l'elefante più pesante mai esistito ha raggiunto i **10.000 kg**). Appena nato, un cucciolo pesa 100 kg. La durata media della vita di un elefante è tra i 70 e i 90 anni.

I RECORD DEL CAPODOGLIO

È l'animale dotato di denti più grande del Pianeta. È il mammifero che scende negli oceani più profondi (oltre 2000 m) e ha il cervello più grande di tutti gli abitanti della Terra: 7 kg!

IL CAPODOGLIO

Il capodoglio vive in tutti gli oceani del Pianeta e ha una testa di quasi **20 metri** di lunghezza. Pesa intorno alle **50 tonnellate**, vive fino a 80 anni ed è detentore di numerosi record mondiali.

GIRAFFA DEL KILIMANGIARO

L'animale più alto del mondo vive nell'Africa orientale. È una giraffa alta fino a **6 metri** che pesa oltre **1 tonnellata**! Il suo collo è lungo circa la metà della sua altezza: **misura 3 metri**. Nonostante la lunghezza, il collo di una giraffa ha solo 7 vertebre, tante quante un essere umano. Grazie al lungo collo, la giraffa può raggiungere le foglie sulle cime degli alberi più alti.

SIFONOFORO GIGANTE

Anche questo affascinante abitante degli abissi oceanici detiene un record. Può raggiungere infatti la lunghezza di **50 metri**, cioè quanto una fila di 10 automobili messe una dietro l'altra. Il sifonoforo è un celenterato **bioluminescente**, cioè in grado di emettere una luce che usa per attrarre le sue prede. Ma le stranezze non finiscono qui! Lungo tutto il suo corpo, ha tantissimi tentacoli pungenti e velenosi con cui uccide chi gli si è avvicinato!

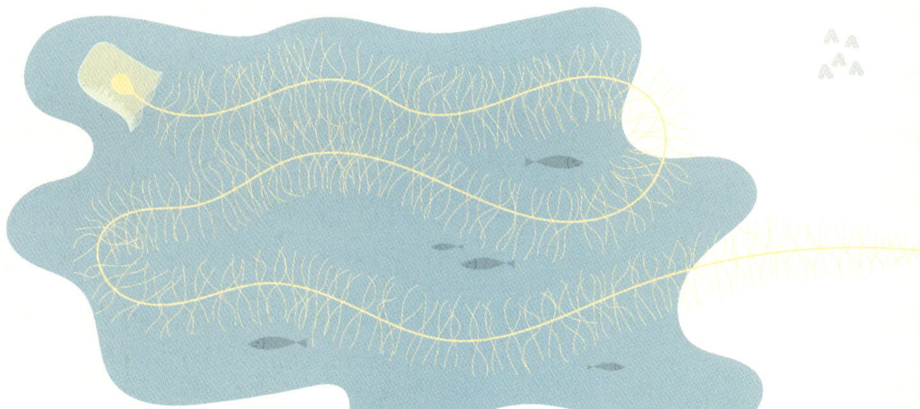

ORSO POLARE

È il più grande mammifero predatore del Pianeta, capace di mantenersi eretto sulle zampe posteriori. Un cucciolo di orso polare pesa solo mezzo chilo alla nascita, ma da adulto supera i **700 kg**. Quando si rizza in piedi, l'orso polare raggiunge i 3 metri di altezza. Vive sulla banchisa polare ghiacciata e caccia foche e trichechi, ma anche pesci, uccelli, volpi polari e piccoli mammiferi. È un nuotatore così forte che nuotando può coprire **centinaia di chilometri**.

TIGRE SIBERIANA

Poco più grande del leone, è dunque lei il più grosso predatore felino vivente. È lunga oltre **2 metri** esclusa la coda. Il maschio pesa **oltre 200 kg**. A differenza del leone, la tigre siberiana vive una vita solitaria. Preda cinghiali, cervi e altri mammiferi più piccoli. Vive in India, Russia, Indonesia, Malesia e pochi altri posti del mondo.

LEONE

Un leone adulto pesa circa **180 kg** ed è lungo quasi **2 metri**. La maggior parte dei leoni vive in Africa e in una piccola zona dell'India. Il magnifico leone non è il felino più grande, ma è considerato da tutti il re degli animali. Perché? Forse perché detiene un record sicuramente tra i più ambiti e nobili: quello dell'animale più coraggioso!

IL RECORD DEL FORMICHIERE

Sebbene il formichiere non sia uno dei più grandi animali del mondo, ha un record certo. La sua lingua è più lunga di quella di qualsiasi altro animale: 60 centimetri!

SCORPIONE IMPERATORE

Speriamo che tu non abbia paura degli scorpioni, perché stiamo per presentarti il più grande tra loro. Vive in Africa e cresce fino a **20 centimetri di lunghezza**. Che paura trovare un simile animale... nel letto! Tuttavia rassicurati, il morso dello scorpione imperatore non causa nulla di più che prurito, e l'effetto svanisce presto. Altri scorpioni ben più piccoli sono molto più pericolosi!

GNU STRIATO

Lungo circa due metri, lo gnu forma le più grandi mandrie di bovidi selvatici che esistano, formate infatti da **decine di migliaia di individui**.

CALAMARO GIGANTE

Conosciamo molto poco questo cefalopode che abita nelle buie profondità degli abissi oceanici, ma sappiamo per certo che è una delle più grandi creature del nostro Pianeta: la lunghezza del corpo, compresi gli otto tentacoli, dell'individuo più grande avvistato fino a oggi è **18,5 metri**.

I RECORD DEL CALAMARO GIGANTE

Il calamaro gigante è alto come un edificio di sei piani! E con un diametro di circa 30 centimetri, il suo occhio è il più grande nel regno animale: ha circa la stessa dimensione di una testa umana!

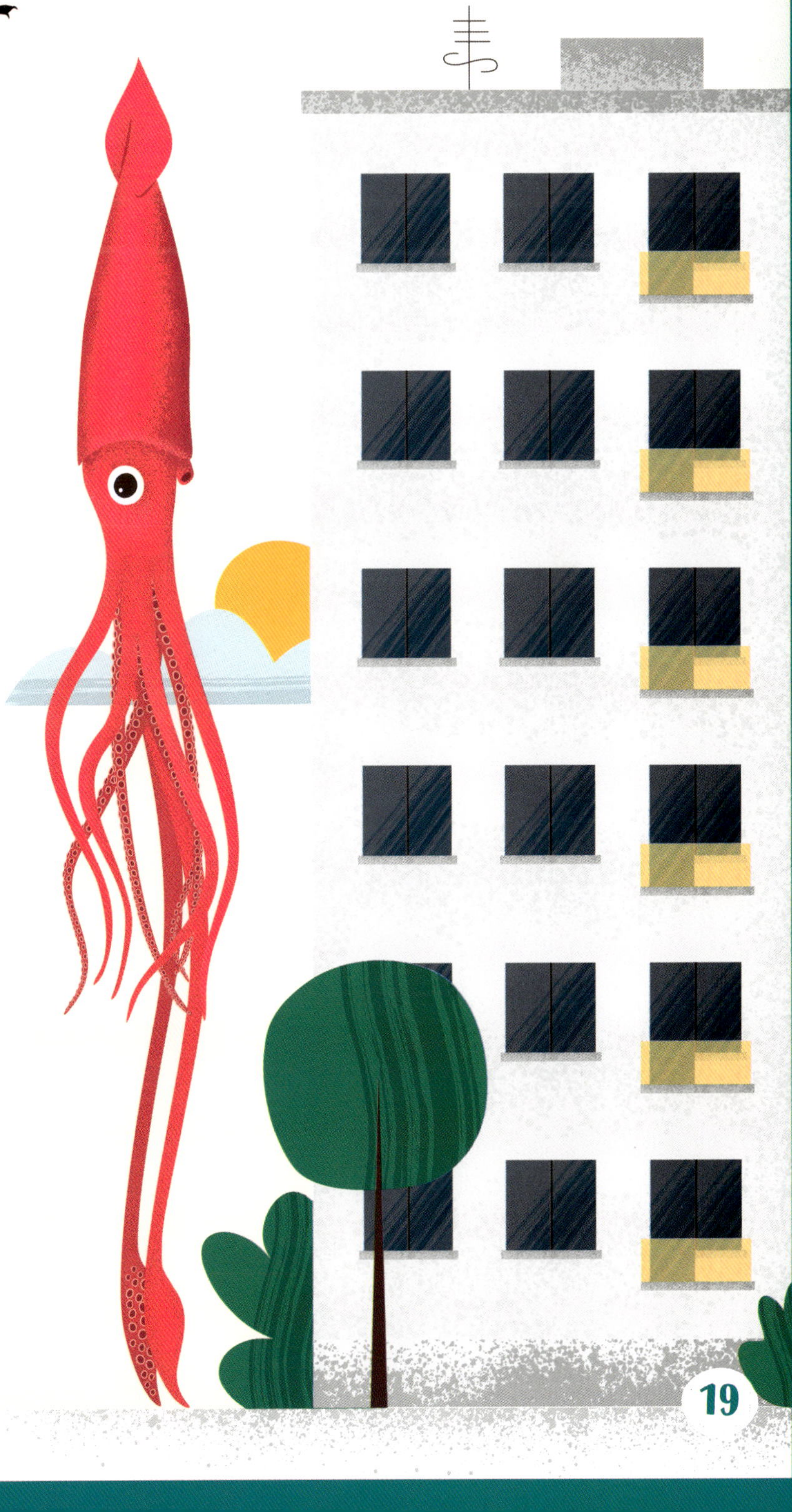

I PIÙ PICCOLI

Ora basta giganti! Dopo tutto, anche i più piccoli hanno diritto a un minimo di considerazione! Adesso quindi occupiamoci di loro, prima di tutto facendo attenzione... a non calpestarli! Vedremo che, per quanto piccoli, hanno i loro record: e di tutto rispetto!

MUSTIOLO

Il mustiolo, detto anche pachiuro etrusco, di soli **2 grammi**, è il mammifero più piccolo del mondo per peso corporeo. Poiché il suo corpo misura solo **4 centimetri**, potrebbe stare comodamente dentro una scatola di fiammiferi! Questo toporagno vive circa un anno. Lo troviamo in Europa, Africa e in alcune parti dell'Asia.

I RECORD DEL MUSTIOLO

È il più piccolo mammifero conosciuto. Anche se così piccolo, può saltare a una distanza di 20 centimetri.

PIPISTRELLO CALABRONE

Il pipistrello calabrone, o pipistrello farfalla, è il mammifero più piccolo del mondo per dimensioni corporee: soli **3 centimetri** di lunghezza, appena più grande di un'unghia umana. Vive in Thailandia e Birmania.

IL RECORD DELL'OPOSSUM PIGMEO ORIENTALE

Può dormire ininterrottamente per oltre 1 anno!

OPOSSUM PIGMEO ORIENTALE

Vive in Tasmania e nel resto dell'Australia, pesa circa **25 grammi** ed è lungo poco meno di **10 centimetri**. Sebbene non sia il mammifero più piccolo, detiene comunque un record interessante. Per risparmiare l'energia che assume dal cibo, sprofonda in un sonno molto, molto lungo...

I CUCCIOLI PIÙ BELLI

I cuccioli sono sempre adorabili! Quindi guardiamoli da vicino. Quelli che ti presentiamo non sono i più piccoli, ma sono considerati tra i più belli e i più teneri del mondo!

I CUCCIOLI DI GORILLA

Alla nascita, il gorilla pesa circa **2 kg**. Mamma gorilla se ne prende cura fino a quando non arriva all'età di **3 anni**. I gorilla sono allevati dai loro genitori un po' come i bimbi da noi umani, e sono molto intelligenti. Alcuni gorilla allevati in cattività imparano a comunicare con i segni. Il gorilla vive fino a 60 anni.

I CUCCIOLI DI FENNEC

Questa adorabile volpe dalle grandi orecchie vive nel deserto ed è più attiva di notte, poiché preferisce una temperatura più bassa. Raggiunge l'età adulta a circa **9 mesi** di età.

I CUCCIOLI DI MICROCEBO MURINO

Il microcebo murino è uno dei primati più piccoli del mondo, e da adulto è lungo solo **10 centimetri.** Vive in Madagascar e dà alla luce due o tre cuccioli alla volta. Alla nascita pesa solo **6 grammi**!

I CUCCIOLI DI SURICATO

I cuccioli di suricato nascono ciechi e iniziano a vedere dopo circa **14 giorni**. Sono accuditi da tutti i componenti della colonia, che conta fino a **30 individui**.

I CUCCIOLI DI LEONE

Le leonesse danno alla luce da uno a quattro cuccioli alla volta. Quando i cuccioli crescono, il leone capobranco, che è anche il loro padre, li allontana: i leoncini dovranno farsi strada da soli nella vita, diventando a loro volta capibranco.

I PULCINI DELL'AQUILA

La femmina depone due uova, che cova per **45 giorni** prima che si schiudano e ne saltino fuori adorabili pulcini bianchi come la neve! Purtroppo, in molti casi sopravvive solo il fratellino più forte; nella lotta per il cibo, infatti, il più debole viene spinto fuori dal nido dal più forte. L'aquila reale vive circa **25 anni**.

I PULCINI DEL PINGUINO IMPERATORE

La femmina passa l'uovo al maschio, che lo tiene al caldo tra la pancia e le zampe per 64 giorni. Un pinguino imperatore adulto può immergersi a una profondità di oltre **500 metri** e rimanere sott'acqua per **30 minuti**. Alcuni pinguini possono raggiungere una velocità subacquea di **40 km/h**. Nei luoghi in cui vivono, la temperatura può scendere a **-40 °C**, quindi non sorprende che abbiano le piume più folte di qualsiasi altro uccello.

I CUCCIOLI DI GIRAFFA

Alto circa **2 metri**, il cucciolo di giraffa appena nato riesce già a stare in piedi dopo soli **20 minuti**! Più i **460 giorni** che ha passato nella pancia della sua mamma, naturalmente!

I CUCCIOLI DI ELEFANTE

L'elefantino cresce nel ventre materno per 22 mesi. Alla nascita, è alto oltre **1 metro** e pesa circa **100 kg**! La femmina nutre il suo cucciolo per **2 anni** e farà tutto il possibile per proteggerlo dai pericoli e dai predatori. Gli elefanti vivono in media 70 anni.

I PIÙ BRUTTI

Che posto affascinante è il nostro pianeta! Ci vivono animali grandi e piccoli, veloci e lenti, che pesano tonnellate o solo pochi grammi... Accanto a tante magnifiche creature, tuttavia, ne troviamo alcune che sono decisamente meno belle, anzi brutte. Ma anche loro hanno un posto nel bizzarro mondo animale. Vuoi conoscerle?

AYE-AYE

Ha le orecchie da pipistrello ed è **la più grande proscimmia notturna del Pianeta**. Vive in Madagascar, e le sue dita finiscono con lunghe unghie. Usa il dito medio, più lungo, per procurarsi il cibo: larve nascoste nella corteccia degli alberi, latte di cocco e uova d'uccello.

PESCE BLOB

Questo pesce viscido è il vincitore del concorso **Animali più brutti del mondo**! Troppo pigro per cacciare il cibo, giace sul fondo del mare con la bocca aperta, ingoiando tutto ciò che gli si presenta davanti.

NASICA

Questa scimmia con il naso a forma di cetriolo vive in Borneo. Non saresti il primo a ridere del suo aspetto. Il naso del maschio è lungo **10 centimetri**. Per fare un confronto, in proporzione il tuo naso sarebbe quasi... **30 centimetri di lunghezza**!

TARSIO DELLE FILIPPINE

Questo piccolo animale dai grandi occhi vive nelle foreste pluviali delle Filippine. Attivo di notte, ha circa le stesse dimensioni del palmo di una mano. Pesa circa **100 grammi** e può far salti... **di 5 metri**!

UACARI

Lo uacari è un'altra scimmia che non avrebbe alcuna possibilità di vincere un concorso di bellezza! Lunga circa **50 centimetri**, la si riconosce immediatamente dalla faccia rossa. E più intenso è il colore della sua faccia, più la scimmia è sana. Infatti, il maschio sceglie la sua compagna... proprio dal colore del muso!

SQUALO GOBLIN

Questo strano squalo con una specie di baionetta in testa è lo squalo goblin. È praticamente un fossile vivente, il che significa che il suo aspetto non è cambiato per decine di milioni di anni.

ORITTEROPO

Un altro dei tanti animali nati... prima che esistesse la bellezza! La parte frontale della testa sembra il muso di un maiale, e il corpo massiccio, **lungo 1 metro**, è praticamente nudo. Vive in Africa, nutrendosi di formiche e termiti.

ORNITORINCO

Come l'echidna, l'ornitorinco ha un aspetto molto strano ed è un **mammifero che depone le uova**. Ha una coda larga e piatta e la parte anteriore della sua testa sembra piuttosto quella di un'anatra. Vive soltanto nell'Australia orientale. La sua temperatura corporea è di appena 32 °C.

TALPA SENZA PELO

Originario dell'Africa, questo strano roditore cresce in un nido con altri **300 cuccioli**! I piccoli, infatti, vengono accuditi assieme da tutte le mamme del gruppo. Questa talpa usa i suoi denti, grandi e sporgenti, per scavare un labirinto di corridoi sotterranei in cui ogni ambiente, compresi dispensa, camera da letto e toilette, sono delimitati con precisione. La talpa senza pelo è quasi cieca.

ZAGLOSSO DI BRUIJN

Ecco un altro animale piuttosto strano. Lo zaglosso vive in Nuova Guinea. Detto anche echidna dal becco lungo occidentale, assomiglia un po' a un riccio con il becco di un uccello. Creatura notturna, caccia prevalentemente insetti. Essendo un **mammifero**, nutre i suoi piccoli con il latte materno. Ma a differenza della maggior parte degli altri mammiferi, che danno alla luce cuccioli già formati, l'echidna **depone uova** da cui poi nascono i piccoli. È in pericolo di estinzione.

IL LAMANTINO AMAZZONICO

Il lamantino amazzonico vive nel bacino del Rio delle Amazzoni, è lungo **2,5 metri** e pesa **300 chilogrammi**. Trascorre metà della sua giornata a dormire sott'acqua. Mentre dorme, però, metà del suo cervello rimane attiva permettendogli di risalire in superficie a respirare.

TARTARUGA NASO DI PORCELLO

Questa tartaruga è facilmente riconoscibile dal naso, che assomiglia molto al grugno di un maiale. Le femmine depongono fino a **30 uova** in cavità scavate nella sabbia in riva a un fiume. Vive in Australia e in Nuova Guinea.

AXOLOTL

La larva dell'axolotl può crescere fino a **35 centimetri** di lunghezza. Originaria dei laghi del Messico, se a questa salamandra capita di perdere un arto... se ne fa crescere un altro, nuovo di zecca!

FACOCERO DEL DESERTO

Questo strano maiale selvatico vive in Africa. È alto circa **80 centimetri**, lungo **1,5 metri** e pesa **150 chilogrammi**. Il suo muso è munito di zanne sporgenti dalla mascella superiore, lunghe fino a **60 centimetri**, e di un secondo paio di zanne che crescono dalla mascella inferiore, lunghe circa la metà.

I PIÙ PERICOLOSI

Nelle prossime pagine vedremo gli animali da cui dobbiamo guardarci. Questi, infatti, sono considerati gli animali più pericolosi per l'uomo. Perché? Sono predatori, come il leone, o si difendono come il serpente, iniettando un veleno letale!

ELEFANTE

Il più delle volte è pacifico. Ma quando è infuriato, o quando è una femmina che protegge il suo cucciolo, l'elefante può diventare pericolosissimo! E in questi casi, molto meglio stargli alla larga.

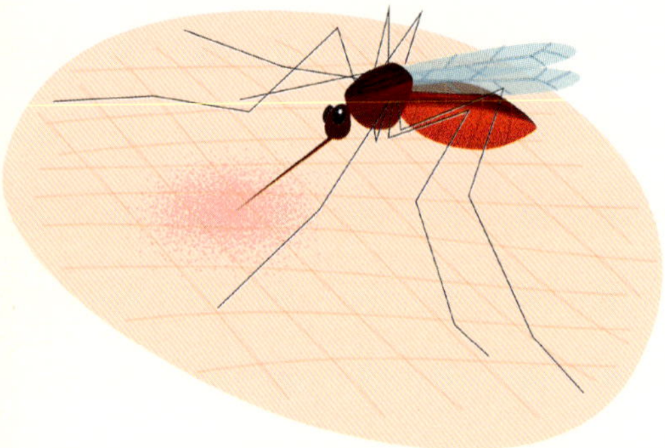

ZANZARA

Ti sembrerà strano, ma questa minuscola creatura è in cima alla lista degli animali più pericolosi del mondo! Causa infatti la morte di oltre **1 milione** di persone all'anno. Questo perché è portatrice di malattie infettive come la malaria, il virus del Nilo occidentale e la febbre gialla.

BUFALO NERO

In Africa, il bufalo è noto anche come "la morte nera". È uno dei cinque animali più pericolosi dell'Africa. Molto ostinato, insegue eventuali predatori per molti chilometri, raggiungendo velocità di **55 km/h**.

SQUALO

Questo straordinario predatore dei mari percepisce la presenza di una singola goccia di sangue in acqua a decine di chilometri. Esistono molte specie di squali, ma soltanto alcune sono una minaccia per l'uomo e solo per equivoco, scambiandoci per le loro prede naturali. Lo squalo più noto è il Grande Squalo Bianco, circa **5 metri** di lunghezza e **1000 chilogrammi** di peso, pericoloso per l'uomo qualora vi entri in contatto.

MEDUSA

Lo squalo può essere molto meno pericoloso di alcune piccole meduse. Queste creature sono belle e magiche da vedere, ma alcune specie, in particolare la vespa di mare, sono pericolosissime. I tentacoli di questa **cubomedusa** sono muniti di un veleno potentissimo in grado di uccidere un essere umano, se non riceve cure mediche immediate.

LEONE

Dotato di artigli e denti affilati, agile e veloce, con l'istinto del predatore puro: tutto ciò rende il leone molto pericoloso anche per noi. Sebbene i leoni attacchino raramente gli esseri umani, alle volte può accadere, specialmente per difendere il loro territorio.

ATTACCO ALLA FERROVIA

Verso la fine del XIX secolo, durante i lavori di costruzione di una linea ferroviaria in Kenya, due leoni iniziarono ripetutamene ad attaccare gli operai di notte, mentre dormivano nelle loro tende. Prima di riuscire ad abbatterli, i leoni avevano ucciso più di 100 persone.

SERPENTE

Naturalmente anche i serpenti velenosi sono molto pericolosi per l'uomo. Il veleno di alcuni può causare dolori fortissimi e paralisi. Altri serpenti sono così velenosi che il loro morso può uccidere un essere umano in pochi minuti. Tra i serpenti più pericolosi ci sono il **cobra indiano** e il **mamba africano**.

IL COCCODRILLO

Il coccodrillo è un rettile voracissimo. Nelle zone in cui vive, gli umani devono essere sempre molto attenti. Questo rettile ispira timore a partire dalle sue dimensioni: il coccodrillo marino raggiunge i **7 metri** e pesa **1 tonnellata**. Nessuna sorpresa, quindi, che sia letale. Attende la sua preda nascosto in acqua, da cui lancia un attacco fulmineo uccidendola con un potentissimo morso.

CONCHIGLIA CONUS

Non lasciarti ingannare dall'aspetto di questa bella conchiglia, lunga fino a **15 centimetri**. Il mollusco che la abita inietta con un aculeo un veleno letale. E non esiste antidoto!

IPPOPOTAMO VELOCISTA!

Grosso e grasso? Sì, ma anche veloce! Nonostante la sua stazza, l'ippopotamo può correre all'incredibile velocità di 30 km/h!

SCORPIONE

Esistono molte specie di scorpione, e tutte velenose. Usano il veleno per paralizzare la preda. Tuttavia, non tutte le punture di scorpione rappresentano una minaccia per l'uomo; solo alcune specie, per esempio lo **scorpione giallo** e lo **scorpione Gadim**, hanno un veleno che può uccidere un essere umano.

ORSO BRUNO

Sebbene l'orso bruno sia lontano dai primi posti nelle classifiche degli animali più pericolosi, se attacca un uomo può infliggergli lesioni molto gravi. Nei luoghi in cui vivono gli orsi, dobbiamo comportarci con cautela e rispettare determinate regole: mai lasciare il sentiero o fare rumori che potrebbero spaventarli, per esempio. E se uno di loro ci attacca? Rannicchiarsi e proteggere la testa!

IPPOPOTAMO

È il mammifero più pericoloso dell'Africa, ed è responsabile di molte morti umane ogni anno. La sua serrata mandibolare è tra le più potenti di tutti gli animali, seconda solo ai coccodrilli. Potrebbe non sembrare un gran corridore, e invece sa correre veloce. Apparentemente pacifico, in realtà quando difende il suo territorio è feroce e spietato.

I PIÙ LONGEVI

La durata media della vita degli esseri umani è poco meno di ottant'anni; solo raramente si arriva oltre i cento. La persona più longeva è morta a 114 anni di età. Ma alcuni animali vanno ben oltre!

L'ELEFANTE INDIANO E LA BALENA DELLA GROENLANDIA

Sono i mammiferi che vivono di più.
La più vecchia balena della Groenlandia a noi nota morì a 211 anni.

CARPA GIAPPONESE

I giapponesi allevano le carpe koi a scopo decorativo. Di solito questo pesce vive intorno ai **50 anni**, ma siamo a conoscenza di un esemplare che visse **226 anni**.

TARTARUGA GIGANTE

Pesa in media 200 chilogrammi. La troviamo alle Seychelles e comunemente vive **160 anni**. Ma una tartaruga di nome Adwaita, che fu portata dai marinai britannici dalle sue isole native allo zoo di Calcutta, visse fino a **255 anni**.

LA MEDUSA "IMMORTALE"

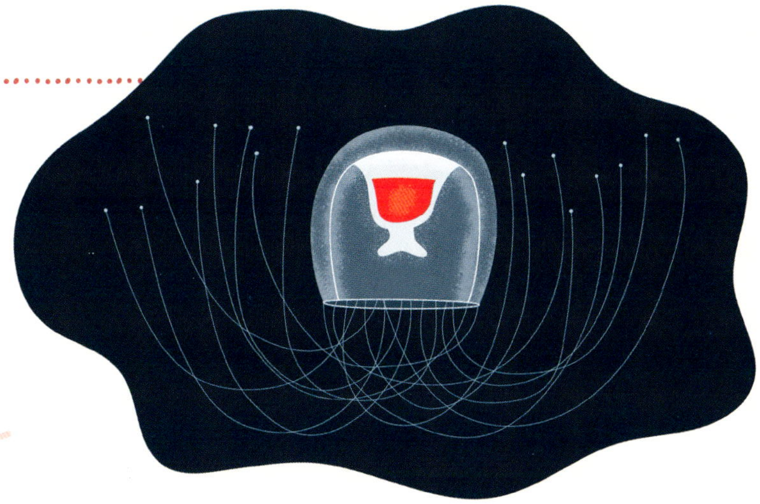

Per la sua capacità di invertire il suo ciclo vitale e **ringiovanire** in risposta a condizioni avverse, la creatura con il nome latino *Turritopsis nutricola* è conosciuta come «la medusa immortale». Immagina se un essere umano ammalato o in fin di vita potesse tornare alla sua infanzia! Sembra incredibile, ma questo è esattamente ciò che può fare questa medusa.

EFFIMERA

Ora diamo un'occhiata all'opposto. L'insetto alato noto come effimera detiene il record di animale che vive di meno: da **1 a 3 giorni**!

CINACHYRA ANTARCTICA

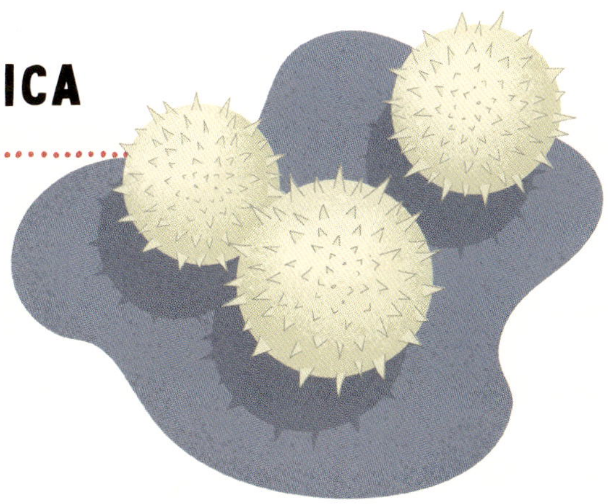

È una specie di spugna che vive nei mari freddi del continente polare da cui prende il nome. È nota per vivere **1550 anni**.

VONGOLA ARTICA

Troviamo questo bivalve marino nell'Oceano Atlantico. Vive centinaia di anni. L'individuo più vecchio visse **507 anni**.